Low-Carb Kochbuch für den Thermomix TM5 & 31

Regionale Mittagessen oder Abendessen und Desserts
Rezepte fast ohne Kohlenhydrate

Abnehmen - Diät - Gewicht reduzieren - Kohlenhydratarm kochen

Nicola Schmid

Bibliografische Information der Deutschen Nationalbibliothek:
Die Deutsche Nationalbibliothek verzeichnet diese Publikation in der
Deutschen Nationalbibliografie; detaillierte bibliografische Daten
sind im Internet über http://dnb.dnb.de abrufbar.

1. Auflage 2016
Cover-Titelbild: www.canstockphoto.com
Copyright © 2016 Nicola Schmid
Alle Rechte vorbehalten

Herstellung und Verlag: BoD – Books on Demand, Norderstedt
ISBN 978-3-8423-5805-8

Inhaltsverzeichnis

Was ist Low-Carb?

Low-Carb bedeutet übersetzt kohlenhydratreduziert bzw. kohlenhydratarm. Bei dieser Diät oder Ernährungsform wird der Anteil an Kohlenhydraten reduziert, um das gewünschte Körpergewicht zu erreichen oder zu halten. Bei dieser Diät sollte die erlaubte Menge an Kohlenhydraten pro Tag 120 Gramm nicht übersteigen. Kohlenhydrate werden vom Körper in Zucker umgewandelt, wodurch Hungergefühle entstehen, die dazu führen, dass noch mehr Nahrung aufgenommen wird als eigentlich gewollt.

Welche Lebensmittel sind verboten?
Da der Anteil an Kohlenhydraten stark reduziert wird, sollte auf Lebensmittel wie Süßigkeiten, Teig- und Backwaren, Kartoffeln, Zucker, Reis, Müsli, Mehl, Nudeln und Brot verzichtet werden.

Welche Lebensmittel sind erlaubt?
Auf dem Einkaufszettel stehen fett- und proteinreiche Lebensmittel wie z.B.: Fisch, Geflügel, Fleisch, Eier, Milchprodukte, Nüsse, Pilze, Tofu, zuckerarme Früchte, Samen und alle Sorten von Gemüse, Salat und Kräuter.

Was soll ich trinken?
Da sehr süßes Obst in der Regel einen höheren Anteil an Kohlenhydraten aufweist, sollte man Fruchtsäfte anfangs meiden. Softdrinks und Alkohol sind ebenfalls tabu, da meistens zu viel Zucker enthalten ist. Auf der sicheren Seite ist, wer ausschließlich stilles Wasser zu sich nimmt.

Hinweis: Jede Art von Diät sollte vorher mit einem Arzt besprochen werden.

Low-Carb Rezepte für den Monat Januar:

Gefüllte Wirsingröllchen mit Champignons

Pro Portion ca.: 12,8 g Kohlenhydrate, 539 kcal

Zutaten für 4 Portionen:
1 Wirsing
300 g Champignons
1 Zwiebel
40 g Rapsöl
500 g gemischtes Hackfleisch
Salz, Pfeffer aus der Mühle
ca. 600 g Wasser
600 g Topinambur

Zubereitung:
Wirsing putzen. Die äußeren Blätter ablösen, blanchieren und trocken tupfen. Champignons putzen und in Scheiben schneiden.

Die Zwiebel schälen, halbieren, in den Mixtopf geben und 5 Sek. / Stufe 5 zerkleinern. Öl, Hackfleisch, Champignons, Salz und Pfeffer dazugeben, ca. 6 Min. / 100° / Stufe 3 anbraten und umfüllen. Wasser und eine Prise Salz in den Mixtopf füllen. Topinambur waschen, schälen und in Stücken in den Gareinsatz geben und einhängen.

Fleischmischung auf den Wirsingblättern verteilen, die Seiten nach innen einschlagen und fest aufrollen. Im Varoma und Einlegeboden verteilen. Varoma aufsetzen und ca. 30 Min. / Varoma / Stufe 2 garen. Wirsingröllchen mit Topinambur auf einem Teller anrichten und servieren.

Apfel-Quark-Kugeln

Pro Stück ca.: 4 g Kohlenhydrate, 170 kcal

Zutaten für 20 Stück:
2 Äpfel
400 g Walnüsse
500 g Magerquark
20 g Süßstoff
3 Eier

Zubereitung:
Den Backofen auf 175 °C (Gas: Stufe 2, Umluft: 150 °C) vorheizen.

Äpfel waschen, vierteln, entkernen, in den Mixtopf geben, auf Stufe 5 kurz raspeln und umfüllen. Die Walnüsse in den Mixtopf geben und 10 Sek. / Stufe 10 mahlen und umfüllen.

Magerquark, Süßstoff und die Eier in den Mixtopf geben und 1 Min. / Stufe 4 verrühren. Die gemahlenen Walnüsse und Äpfel 2 Min. / Teigstufe mit Hilfe des Spatels unterheben.

Mit zwei Esslöffeln kleine Kugeln formen und auf ein mit Backpapier ausgelegtes Backblech legen.

Die Quarkbällchen ca. 25-30 Min. goldbraun backen.

Low-Carb Rezepte für den Monat Februar:

Grünkohl-Miniauflauf mit Knackwürsten

Pro Portion: ca.: 13 g Kohlenhydrate, 678 kcal

Zutaten für 4 Portionen:
200 g Allgäuer Emmentaler
1 Grünkohl
1 Schalotte
1 EL Rapsöl
4 Knackwürste, gehackt
1 TL getrockneter Rosmarin
ca. 800 g Wasser
200 g Schmand
20 g Haferflocken
4 Soufflé-Förmchen

Zubereitung:
Den Backofen auf 175°C (Umluft: 160°C, Gas: Stufe 2) vorheizen.

Emmentaler in grobe Stücke schneiden, in den Mixtopf geben und 10 Sek. / Stufe 8 zerkleinern und umfüllen.

Grünkohl putzen, vom Strunk befreien und in mundgerechte Stücke schneiden. Kohl gründlich waschen und ca. 5 Minuten in kochendem Salzwasser blanchieren. Abgießen und abtropfen lassen.

Schalotte schälen, halbieren, in den Mixtopf geben und 5 Sek. / Stufe 5 zerkleinern. Öl dazugeben und 2 Min. / Varoma / Stufe 1 dünsten.

Die Hälfte des Grünkohls dazugeben und ca. 3 Min. / Varoma / Linkslauf / Stufe 1 garen. Den restlichen Grünkohl dazugeben und ca. 3 Min. / Varoma / Linkslauf / Stufe 1 garen. Knackwürste, Rosmarin und Wasser zufügen und ca. 50 Min. / Varoma / Linkslauf / Stufe 1 garen.

10 Minuten vor Garzeitende Schmand, Haferflocken und Käse zufügen.

Masse in vier Soufflé-Förmchen füllen und im Backofen ca. 5 Min. goldbraun backen.

Birnen-Crêpes mit Mandelmehl

Pro Crêpe: ca.: 6 g Kohlenhydrate, 96 kcal

Zutaten für ca. 12 Crêpes:
2 Birnen
300 g Wasser
1 g Vanille-Xucker
150 g Mandelmehl
300 g Milch
3 Eier
40 g Mineralwasser
flüssiger Süßstoff nach Bedarf
30 g Rapsöl

Zubereitung:
Birnen waschen, entkernen, in Spalten schneiden und in den Mixtopf geben.

Wasser und Vanille-Xucker dazugeben und ca. 8 Min. / 90° / Linkslauf / Stufe 1 garen, umfüllen und warmhalten.

Mandelmehl, Milch, Eier und Mineralwasser im gereinigten Mixtopf 1 Min. / Stufe 4 verrühren. Süßstoff nach Wunsch zufügen.

In einer Pfanne mit je 1 TL Öl aus dem Teig nacheinander Crêpes goldbraun backen.

Die Birnen auf den Crêpes verteilen, zu Dreiecken zusammenfalten und auf vorgewärmten Tellern servieren.

Low-Carb Rezepte für den Monat März:

Puten-Käse-Bällchen auf Topinambur-Mousse

Pro Stück: ca.: 1,9 g Kohlenhydrate, 96 kcal

Zutaten für ca. 20 Stück:
1 Zwiebel
1/2 Bund Schnittlauch
350 g Putenhackfleisch
120 g fettarmer Käse, gerieben
Salz, Pfeffer
20 g Rapsöl
für das Topinambur- Mousse:
500 g Topinambur
250 g Milch
50 g kalte Butterflöckchen
1 Prise Salz

Zubereitung:
Die Zwiebel schälen, in den Mixtopf geben und 5 Sek. / Stufe 5 zerkleinern. Schnittlauch waschen und in Röllchen schneiden. Putenhackfleisch, Käse, Salz, Pfeffer und Schnittlauch zufügen und mithilfe des Spatels 20 Sek. / Linkslauf / Stufe 4 vermischen.

Die Masse zu kleinen Bällchen formen. In einer Pfanne im heißen Öl ca. 8 Min. goldbraun braten. Aus der Pfanne nehmen und warm halten.

Topinambur waschen, schälen, grob schneiden und in den gereinigten Mixtopf geben. Die restlichen Zutaten zufügen und ca. 20 Min. / 100° / Stufe 1-2 garen. Anschließend 30 Sek./ Stufe 4 fein pürieren.

Puten-Käse-Bällchen mit Topinambur- Mousse auf Tellern anrichten und servieren.

Vanille-Joghurt-Creme mit Erdbeeren

Pro Portion: ca.: 10 g Kohlenhydrate, 164 kcal

Zutaten für 4 Portionen:
100 g Schlagsahne
10 g Gelatine Fix
350 g Joghurt, fettarm
Mark einer Vanilleschote
200 g Erdbeeren
10 g Xucker

Zubereitung:
Rühraufsatz einsetzen. Schlagsahne in den fettfreien, gereinigten Mixtopf geben und auf Stufe 3 bis zur gewünschten Festigkeit steif schlagen. Rühreinsatz entfernen und umfüllen.

Gelatine, Joghurt und Mark der Vanilleschote im Mixtopf 30 Sek. / Stufe 4 verrühren. Steif geschlagene Sahne mithilfe des Spatels 10 Sek. / Stufe 3 unterheben.

Creme in Dessert-Förmchen oder Gläser füllen und ca. 2 Stunden kühl stellen.

Die Erdbeeren waschen, putzen und zusammen mit dem Xucker im gereinigten Mixtopf 4 Sek. / Stufe 4 zerkleinern.

Erdbeeren auf der Vanille- Joghurt-Creme verteilen und servieren.

Low-Carb Rezepte für den Monat April:

Dorschfilet-Roulade mit Apfel-Porree

Pro Portion: ca.: 10 g Kohlenhydrate, 259 kcal

Zutaten für 4 Portionen:
4 Dorschfilets
Salz, Pfeffer aus der Mühle
1 Bund Petersilie
40 g Schmand
100 g Frischkäse
3 g Meerrettich
600 g Porree
2 Äpfel
20 g Rapsöl
ca. 650 g Wasser

Zubereitung:
Dorschfilets abspülen, trocken tupfen, salzen und pfeffern.

Dorschfilets der Länge nach teilen, in eine Frischhaltefolie legen und etwas flach klopfen. Folie entfernen und auf eine Alufolie legen.

Petersilie waschen, trocken schütteln und im Mixtopf ca. 40 Sek. / Stufe 5 zerkleinern. Schmand, Frischkäse und Meerrettich dazugeben und ca. 20 Sek. / Linkslauf / Stufe 3 verrühren. Dorschfilets mit der Creme gleichmäßig bestreichen, mit Alufolie aufrollen und die Enden verschließen.

Wasser aufkochen und die Dorschrouladen bei mittlerer Hitze ca. 10 Minuten ziehen lassen, herausnehmen, aus der Alufolie nehmen und warm stellen.

Porree putzen, waschen, in Ringe schneiden. Die Äpfel waschen, schälen, entkernen und im gereinigten Mixtopf ca. 4 Sek. / Stufe 5 zerkleinern.

Porree mit dem Öl ca. 4,5 Min. / 100° / Stufe 2 andünsten. Mit Wasser auffüllen, Äpfel, Salz und Pfeffer dazugeben und ca. 9,5 Min. / 100° / Stufe 1-2 kochen.

Dorschrouladen in Scheiben schneiden, zusammen mit dem Apfel-Porree auf Tellern anrichten und servieren.

Knuspriges Rhabarber-Crumble

Pro Portion: ca.: 4,2 g Kohlenhydrate, 420 kcal

Zutaten für 4 Portionen:
500 g Rhabarber
180 g Leinschrotmehl
Mark einer Vanilleschote
100 g Xucker
100 g Butter, kalt

Zubereitung:
Den Backofen auf 170 °C (Gas 2, Umluft 150 °C) vorheizen.

Den Rhabarber waschen, schälen, die Stangen in mundgerechte Stücke schneiden und in 4 feuerfeste Servierförmchen füllen.

Leinschrotmehl, Mark einer Vanilleschote, Xucker und Butter in Stücken in den Mixtopf geben und ca. 20 Sek. / Stufe 5 zu Streuseln verarbeiten.

Streusel über den Rhabarber verteilen und im Backofen ca. 30 Min. goldbraun backen.

Für den Knusper-Effekt: Streusel kurz vor Ende der Backzeit mit eiskaltem Wasser benetzen, damit sie knusprig werden.

Low-Carb Rezepte für den Monat Mai:

Mairüben mit Joghurt-Hackfüllung

Pro Portion: ca.: 11 g Kohlenhydrate, 297 kcal

Zutaten für 4 Portionen:
4 Mairüben
ca. 800 g Wasser
Salz
1 Bund Basilikum
1 Zwiebel
20 g Rapsöl
400 g Hackfleisch, gemischt
100 g Joghurt, fettarm
Pfeffer aus der Mühle

Zubereitung:
Den Backofen auf 180 °C (Umluft 160 °C, Gas Stufe 3) vorheizen.

Mairüben waschen, schälen, in den Varoma geben, Wasser und eine Prise Salz in den Mixtopf füllen und je nach Größe ca. 25 Min. / Varoma / Stufe 1 garen.

Basilikum waschen, trocken schütteln und fein hacken.

Mairüben abkühlen lassen und das ausgehöhlte Fruchtfleisch klein hacken.

Die Zwiebel schälen, im Mixtopf 5 Sek. / Stufe 5 zerkleinern. Öl dazugeben und 5 Min. / Varoma / Sanftrührstufe dünsten.

Hackfleisch, Basilikum, Mairüben-Fruchtfleisch zufügen und 3 Min. / 100° / Linkslauf / Sanftrührstufe garen. Joghurt, Salz und Pfeffer mit Sanftrührstufe unterrühren.
Die ausgehöhlten Mairüben mit der Hackfleischmasse füllen und in eine Auflaufform setzen.

Im vorgeheizten Backofen ca. 20 Minuten garen.

Erdbeer-Schäumchen

Pro Portion: ca.: 5 g Kohlenhydrate, 373 kcal

Zutaten für 4 Portionen:
125 g Quark, fettarm
10 g Xucker
10 g Vanille-Aroma
3 Eiweiß
120 g kalte Schlagsahne
200 g Erdbeeren

Zubereitung:
Quark, Xucker und Vanille-Aroma in den Mixtopf geben, 12 Sek. /
Stufe 4 vermischen und kalt stellen.

Rühraufsatz einsetzen. Eiweiß in den fettfreien Mixtopf geben und ca.
3 Min. / Stufe 4 zu Eischnee schlagen und umfüllen.

Schlagsahne in den fettfreien, gereinigten Mixtopf geben und auf
Stufe 3 halb steif schlagen. Rühreinsatz entfernen.

Eischnee und Sahne unter die Quarkmasse heben. Kühl stellen.

Erdbeeren waschen, putzen, vierteln, mit der Quarkschaummasse 10
Sek. / Linkslauf / Stufe 1 vermischen.

Mit einem angefeuchteten Esslöffel kleine Portionen abstechen, auf
Tellern anrichten und servieren.

Low-Carb Rezepte für den Monat Juni:

Spargel-Schinken-Ragout mit Salbei

Pro Portion: ca.: 6,9 g Kohlenhydrate, 246 kcal

Zutaten für 4 Portionen:
350 g weißer Spargel
350 g grüner Spargel
ca. 700 g Gemüsebrühe
175 g Milch
150 g Crème fraîche
Salz, Pfeffer aus der Mühle
200 g gekochter Schinken
3 Stiele Salbei
10 g Butter

Zubereitung:
Spargel waschen und schälen. Holzige Enden abschneiden und den Spargel in mundgerechte Stücke schneiden.

Spargel und Gemüsebrühe in den Mixtopf geben und ca. 22 Min. / 100° / Linkslauf / Sanftrührstufe garen.

Milch, Crème fraîche, Salz und Pfeffer, dazugeben und 10 Sek. / Linkslauf / Stufe 2 unterrühren und umfüllen.

Schinken in Würfel schneiden. Salbei waschen und von den Stielen zupfen.

Butter, Schinken und Salbeiblätter ca. 4 Min. / Varoma / Stufe 1 dünsten, mit Salz und Pfeffer abschmecken. Auf dem Spargel verteilen und sofort servieren.

Beeren-Baiser-Törtchen

Pro Törtchen: ca.: 2,5 g Kohlenhydrate, 126 kcal

Zutaten für 12 Stück:
250 g Beeren (Im Juni gibt es Blaubeeren, Himbeeren, Stachelbeeren, Erdbeeren)
3 Eier
100 g Butter, weich
80 g Xucker
175 g Mandelmehl
3 g Backpulver
40 g Milch, fettarm
12 kleine Backförmchen

Zubereitung:
Den Backofen auf 180 °C (Umluft 160 °C, Gas Stufe 3) vorheizen.

Beeren waschen, verlesen und abtropfen lassen. Größere Beeren klein schneiden.

Zwei Eier trennen, Eiweiß kalt stellen. Butter, Xucker, Eigelbe und restliches Ei im Mixtopf 30 Sek. / Stufe 5 verrühren.

Mandelmehl und Backpulver vermischen und mit der Milch 30 Sek. / Stufe 3 unterrühren.

Den Teig gleichmäßig in die Backförmchen füllen und im Backofen ca. 15 Minuten backen.

Rühraufsatz einsetzen. Eiweiß in den fettfreien Mixtopf geben und ca. 3 Min. / Stufe 4 zu Eischnee schlagen. Die Beeren unterheben. Die Masse auf den vorgebackenen Törtchen verteilen. Im Backofen ca. 10 Min. backen, bis das Baiser leicht gebräunt ist.

Low-Carb Rezepte für den Monat Juli:

Wildkräuter-Fisch mit Sommergemüse

Pro Portion: ca.: 6,6 g Kohlenhydrate, 176 kcal

Zutaten für 4 Portionen:
200 g Blumenkohl
200 g Karotten
200 g Spitzkohl
200 g Zucchini
1 Schalotte
600 g Barschfilet
1 Handvoll Wildkräuter (im Juli gibt es z.B.: Giersch, Feldthymian,
Spitzwegerich, Sauerampfer etc.)
20 g Rapsöl
Salz, Pfeffer aus der Mühle

Zubereitung:
Backofen auf 170 °C (Gas 2, Umluft 150 °C) vorheizen.

Blumenkohl waschen und in kleine Röschen zerteilen.

Karotten, Spitzkohl und Zucchini waschen, putzen und in groben
Stücken in den Mixtopf geben. Geschälte Schalotte und
Blumenkohlröschen portionsweise dazugeben, ca. 3 Sek. / Stufe 4
zerkleinern und umfüllen.

Barschfilet waschen und trocken tupfen.

Die Wildkräuter waschen, trocken schleudern, vom Stiel befreien und im Mixtopf ca. 5 Sek. / Stufe 5 zerkleinern.

4 Stück Alufolie mit Rapsöl bestreichen, Gemüse, Fisch und Wildkräuter darauf verteilen. Mit Salz und Pfeffer würzen. Folie verschließen und im Backofen ca. 15 Minuten garen.

Fruchtiges Eis-Sorbet

Pro Portion: ca.: 6,2 g Kohlenhydrate, 46 kcal

Zutaten für 4 Portionen:
300 g Brombeeren
200 g Johannisbeeren
1 Aprikose
100 g Xucker
200 g Wasser
Minzeblätter zum Garnieren

Zubereitung:
Die Beeren waschen, putzen, verlesen und trocken tupfen. Aprikose waschen, entsteinen und zusammen mit den Beeren im Mixtopf 20 Sek. / Stufe 5 pürieren.

Xucker in heißem Wasser auflösen und ca. 10 Sek. / Stufe 8 unter die Fruchtmischung rühren.

Für ca. 3 Std. in den Gefrierschrank stellen und alle 20 Minuten gut durchrühren.

Das Sorbet mit einem Eisportionierer in vier eisgekühlte Gläser füllen, mit Minze garnieren und servieren.

Low-Carb Rezepte für den Monat August:

Low-Carb Gemüse-Pizza

Pro Portion: ca.: 11 g Kohlenhydrate,   516 kcal

Zutaten für 4 Portionen:
250 g Emmentaler Käse
400 g Mandelmehl
200 g Wasser
20 g Rapsöl
Salz
1 Bund frisches Basilikum
200 g Tomaten, passiert
Pfeffer aus der Mühle
Belag nach Wunsch z.B.: *
200 g Champignons
200 g Zucchini
100 g Brokkoli

Zubereitung:
Backofen auf 200°C (Gas: Stufe 3 / Umluft: 175°C) vorheizen.

Emmentaler in den Mixtopf geben, 5 Sek. / Stufe 7 zerkleinern und umfüllen.

Mandelmehl, Wasser, Öl und eine Prise Salz im Mixtopf 2 Min. / Teigstufe zu einem glatten Teig verarbeiten. Den Teig auf einer bemehlten Arbeitsfläche dünn ausrollen.

Basilikum waschen und fein hacken. Tomaten, Basilikum, Salz und Pfeffer 10 Sek. / Stufe 2 verrühren.

Champignons und Zucchini putzen, waschen und in feine Scheiben schneiden. Die Brokkoliröschen in kochendem Wasser kurz blanchieren und mit kaltem Wasser abschrecken.

Teig mit der Tomatensoße gleichmäßig bestreichen. Gemüse, Pilze und Käse darauf verteilen und im Backofen ca. 15 Min. knusprig backen.

* (Saison haben im August außerdem Blumenkohl, Bohnen, Erbsen, Kohlrabi, Portulak, Mangold, Spinat, Fenchel)

Rote Grütze mit Joghurt-Creme

Pro Portion: ca.: 11,3 g Kohlenhydrate,   138 kcal

Zutaten für 4 Portionen:
200 g Himbeeren
200 g Johannisbeeren
100 g Kirschen
3 Blätter Gelatine
400 g Wasser
100 g Xucker
200 g Joghurt
75 g Schlagsahne
10 g Vanille-Aroma
frische Minze

Zubereitung:
Die Beeren putzen, abspülen, abtropfen lassen, die Kirschen waschen und entsteinen. 4 Kirschen für die Deko beiseitelegen.

Gelatine in etwas kaltem Wasser einweichen.

Früchte in den Mixtopf geben und 10 Sek. / Stufe 9 zerkleinern. Wasser und Xucker zugeben und 7 Sek./ Stufe 7 mixen. Kurz auf 80 °C / Linkslauf / Sanftrührstufe erhitzen. Die Gelatine gut ausdrücken, dazugeben und ca. 30 Sek. / 80 °C / Stufe 3 auflösen. Nochmals kurz auf Stufe 5 verrühren und in Gläser füllen.

Joghurt, Sahne und Vanille-Aroma im gereinigten Mixtopf 20 Sek. / Stufe 4 verrühren.

Joghurt-Creme auf der Grütze verteilen. Mit frischer Minze und Kirschen dekorieren.

Low-Carb Rezepte für den Monat September:

Putenbrustfilet im Käse-Mangoldmantel mit Kohl-Kroketten

Pro Portion: ca.: 3,49 g Kohlenhydrate, 470 kcal

Zutaten für 4 Portionen:
4 Putenbrustfilets
Salz, Pfeffer
4 große Mangoldblätter
3 Tomaten
125 g Frischkäse
10 g saisonale, frische, gehackte Kräuter (z.B. Dill, Petersilie, Schnittlauch)
1 Zwiebel
10 g Rapsöl
1 Bund Basilikum
150 g Schlagsahne
300 g Blumenkohl
ca. 500 g Wasser
10 g Crème fraîche
1 Ei
3 g Mandelmehl

Zubereitung:
Den Backofen auf 180 °C (Umluft 160 °C, Gas Stufe 3) vorheizen.

Die Putenbrustfilets abspülen, trocken tupfen und mit Salz und Pfeffer würzen.

Mangoldblätter waschen, die Stiele abschneiden, blanchieren und kalt abschrecken.

Tomaten waschen, würfeln, mit dem Frischkäse, den Kräutern, Salz und Pfeffer im Mixtopf 10 Sek. / Stufe 2 verrühren.

Käsemasse gleichmäßig auf den Putenbrustfilets verteilen, in jeweils ein Mangoldblatt einwickeln und in eine gefettete Auflaufform legen. Im Backofen ca. 20 Minuten garen.

Für die Soße die Zwiebel schälen, halbieren, in den gereinigten Mixtopf geben und 5 Sek. / Stufe 5 zerkleinern. Öl dazugeben und 2 Min. / Varoma / Stufe 1 andünsten. Basilikum waschen, trocken schütteln, hacken und zusammen mit der Sahne, Salz und Pfeffer in den Mixtopf geben und ca. 7 Min. / 100°C / Linkslauf / Stufe 1 kochen, umfüllen und warm halten.

Für die Kroketten den Blumenkohl putzen und in Röschen teilen. Wasser, eine Prise Salz und Blumenkohlröschen in den Mixtopf geben und 7 Min. / 100° / Sanftrührstufe garen. Das Wasser abgießen.

Crème fraîche, Ei und Mandelmehl zu dem gekochten Blumenkohl geben, ca. 5 Sek. / Stufe 5 vermischen und in einen Spritzbeutel mit großer Sterntülle füllen. Kroketten auf ein mit Backpapier ausgelegtes Blech spritzen und im vorgeheizten Backofen ca. 12 Min. goldbraun backen.

Putenbrustfilets mit Kohl-Kroketten und Basilikumsoße anrichten und servieren.

Mirabelle-Soufflé

Pro Portion: ca.: 5,4 g Kohlenhydrate, 141 kcal

Zutaten für 4 Portionen:
4 Mirabellen
Fett für die Förmchen
3 Eier
40 g Xucker
10 g Vanille-Aroma
250 g Quark
20 g Proteinpulver (Eiweißpulver)

Zubereitung:
Den Backofen auf 190° C (Umluft 175°C, Gas Stufe 3) vorheizen.

Mirabellen waschen, entsteinen, klein schneiden und in vier gebutterte Souffléförmchen verteilen.

Eiweiß und Eigelb voneinander trennen. Rühraufsatz einsetzen. Eiweiß in den fettfreien Mixtopf geben und ca. 3 Min. / Stufe 4 zu Eischnee schlagen. Umfüllen und Rühreinsatz entfernen.

Eigelb, Xucker, Vanille-Aroma, Quark und Proteinpulver im Mixtopf 30 Sek. / Stufe 4 verrühren. Eischnee vorsichtig unterheben und in die Souffléförmchen füllen. In ein warmes Wasserbad stellen und im Backofen ca. 25 Min. goldbraun backen. (Backofen nicht öffnen, da die Soufflés sonst zusammenfallen.)

Low-Carb Rezepte für den Monat Oktober:

Herbstliche Gemüse-Frittata mit Schinken

Pro Portion: ca.: 6,4 g Kohlenhydrate, 334 kcal

Zutaten für 4 Portionen:
60 g Hartkäse
250 g Tomaten
1 Pastinake
1 rote Bete
1 Bund Petersilie
100 g gekochter Schinken
6 Eier
50 g Schlagsahne
Salz, Pfeffer aus der Mühle

Zubereitung:
Den Backofen auf 190°C (Umluft 170°C und Gas Stufe 3) vorheizen.

Hartkäse im Mixtopf 10 Sek. / Stufe 7 zerkleinern und umfüllen.

Tomaten waschen und in Scheiben schneiden. Pastinake und rote Bete waschen, putzen und im Mixtopf ca. 15 Sek. / Stufe 10 zerkleinern und umfüllen.

Petersilie waschen, trocken schütteln und fein hacken. Schinken fein schneiden.

Eier, Sahne, Petersilie, Salz und Pfeffer in den Mixtopf geben und 10 Sek. / Stufe 6 vermischen. Schinken mit Linkslauf kurz unterrühren.

Pastinake und rote Bete in eine gefettete, runde Auflaufform geben. Die Eimasse darübergießen, Tomatenscheiben darauf verteilen und mit Käse bestreuen. Im Backofen ca. 25 Minuten backen. Frittata in Tortenstücke schneiden und servieren.

Saftiger Zwetschgen-Flan

Pro Portion: ca.: 7,8 g Kohlenhydrate, 246 kcal

Zutaten für 4 Portionen:
10 reife Zwetschgen
Butter für die Förmchen
150 g Schlagsahne
4 Eier
100 g Milch
Mark einer Vanilleschote
50 g Xucker

Zubereitung:
Den Backofen auf 170 °C (Gas Stufe 2, Umluft 150 °C) vorheizen.

6 Zwetschgen waschen, halbieren, entsteinen und in vier gebutterte, ofenfeste Förmchen verteilen.

Schlagsahne, Eier, Milch, Mark einer Vanilleschote und Xucker im Mixtopf 15 Sek. / Stufe 4 verrühren. Die Masse gleichmäßig in die Förmchen über die Zwetschgen verteilen.

Restliche Zwetschgen waschen, entsteinen und in Spalten schneiden.

Förmchen im heißen Wasserbad ca. 35 Min. im Backofen garen. Aus dem Ofen und dem Wasserbad nehmen, abkühlen lassen, aus den Förmchen stürzen und mit den Zwetschgenspalten servieren.

Low-Carb Rezepte für den Monat November:

Topinambur-Piccata mit Feldsalat und Walnüssen

Pro Portion: ca.: 10,9 g Kohlenhydrate, 359 kcal

Zutaten für 4 Portionen:
100 g Walnüsse
100 g Hartkäse
4 Topinambur-Knollen
ca. 300 g Wasser
2 g Salz
4 Eier
Pfeffer aus der Mühle
20 g Rapsöl
200 g Feldsalat
10 g Zitronensaft
20 g Rapsöl

Zubereitung:
Walnusskerne im Mixtopf 5 Sek. / Stufe 7 hacken und umfüllen.

Hartkäse im Mixtopf 10 Sek. / Stufe 7 zerkleinern und umfüllen.

Topinambur waschen, schälen und in ca. 1 cm dicke Scheiben schneiden. Topinambur, Wasser und Salz in den Mixtopf geben und ca. 25 Min. / 100° / Stufe 1 kochen.

Eier verquirlen, mit Salz und Pfeffer würzen. Topinambur-Scheiben auf beiden Seiten durch das Ei ziehen und anschließend im Hartkäse wenden.

Öl in einer Pfanne erhitzen und die Topinambur-Scheiben auf beiden Seiten goldbraun braten.

Feldsalat putzen, waschen und trocken schleudern. Zitronensaft und Öl verrühren, salzen und pfeffern. Gehackte Walnüsse in einer Pfanne ohne Fett anrösten und auf dem Salat verteilen. Mit Dressing beträufeln und zusammen mit der Topinambur-Piccata servieren.

Haselnuss-Muffins mit Vanille-Frosting

Pro Stück: ca.: 0,77 g Kohlenhydrate, 196 kcal

Zutaten für 12 Stück:
4 Eier
100 g Butter
10 g flüssiger Süßstoff
1,5 g Natron
60 g Haselnüsse, gemahlen (oder im Mixtopf 10 Sek. /Stufe 5 mahlen)
60 g Mandelmehl
Frosting:
80 g weiche Butter
3 g Vanille-Xucker
120 g Frischkäse

Zubereitung:
Den Backofen auf 180 °C (Umluft 160 °C, Gas Stufe 3) vorheizen.

Die Eier trennen und Rühraufsatz einsetzen. Eiweiß in den fettfreien Mixtopf geben und ca. 3 Min. / Stufe 4 steif schlagen. Umfüllen und Rühreinsatz entfernen.

Butter im Mixtopf ca. 1 Min. / 37° / Stufe 2 schmelzen. Eigelb, Süßstoff und Natron dazugeben und 1 Min. / Stufe 4 verrühren. Haselnüsse und Mandelmehl zufügen und 20 Sek. / Stufe 4 vermischen. Das steif geschlagene Eiweiß unterheben.

Den Teig in gefettete Muffinförmchen füllen und im Backofen ca. 20 - 25 Minuten goldbraun backen.

Für das Frosting die Butter, Vanille-Xucker und Frischkäse im gereinigten Mixtopf ca. 1 Min. / Stufe 4 verrühren.

Frosting in einen Spritzbeutel füllen und vom Rand nach innen kreisförmige Spiralen auf die Muffins spritzen.

Low-Carb Rezepte für den Monat Dezember:

Schweinefilet mit Pfefferhaube und Rosenkohl-Rahm

Pro Portion: ca.: 10 g Kohlenhydrate, 439 kcal

Zutaten für 4 Portionen:
40 g gemischte Pfefferkörner
600 g Schweinefilet
Salz
55 g Rapsöl
700 g Rosenkohl
300 g Gemüsebrühe
100 g Schlagsahne
1 Prise Muskat
20 g Kresse

Zubereitung:
Den Backofen auf 190°C (Umluft 175°C, Gas Stufe 3) vorheizen.

Die Pfefferkörner in den Mixtopf geben und 3 Sek. / Stufe 4 grob zerkleinern und umfüllen.

Schweinefilet waschen, trocken tupfen, salzen, im zerkleinerten Pfeffer wenden und gut andrücken.

40 g Öl in einer Pfanne erhitzen und das Fleisch auf beiden Seiten ca. 2 Minuten anbraten. Schweinefilet im Backofen ca. 20 Min. garen. Filets herausnehmen und warm halten.

Rosenkohl putzen, waschen und mit dem restlichen Öl ca. 5 Min. / Varoma / Linkslauf / Stufe 1 andünsten.

Gemüsebrühe, Sahne, Muskat in den Mixtopf geben und ca. 25 Min. / Varoma / Linkslauf / Stufe 1 garen. Die Kresse waschen, trocken schütteln, vom Beet schneiden und mit Linkslauf kurz unterrühren.

Schweinefilet mit Rosenkohl-Rahm auf Tellern anrichten und servieren.

Bratäpfel mit Nuss-Füllung und Vanillesoße

Pro Portion: ca.: 12,8 g Kohlenhydrate, 364 kcal

Zutaten für 4 Portionen:
20 g Haselnüsse
20 g Walnüsse
4 Äpfel
50 g Butterflöckchen
200 g Sahne
Mark einer Vanilleschote
10 g Xucker
2 Eier

Zubereitung:
Den Backofen auf 180 °C (Umluft 160 °C, Gas Stufe 3) vorheizen.

Haselnüsse und Walnüsse im Mixtopf 3 Sek. / Stufe 4 grob hacken.

Äpfel waschen und das Kerngehäuse ausstechen. Auf ein Backblech setzen und mit den Nüssen füllen. Butterflöckchen auf die Füllung geben.

Im Backofen ca. 20 Minuten backen.

Sahne, Mark einer Vanilleschote und Xucker 8 Sek. / Stufe 3 verrühren. Die Eier trennen und die verquirlten Eigelbe zügig unter die Sahnemischung rühren und ca. 8 Min. / 100 °C / Stufe 3 aufkochen.

Bratäpfel mit der Vanillesoße anrichten und servieren.

Disclaimer

Die Inhalte dieses Buches wurden mit größter Sorgfalt erstellt. Eine Haftung für Personen-, Sach- und Vermögensschäden ist ausgeschlossen. Für die Richtigkeit, Vollständigkeit und Aktualität der Inhalte können wir jedoch keine Gewähr übernehmen. Dieses Buch enthält Links zu externen Webseiten Dritter, auf deren Inhalte wir keinen Einfluss haben. Deshalb können wir für diese fremden Inhalte auch keine Gewähr übernehmen. Für die Inhalte der verlinkten Seiten ist stets der jeweilige Anbieter oder Betreiber der Seiten verantwortlich. Die verlinkten Seiten wurden zum Zeitpunkt der Verlinkung auf mögliche Rechtsverstöße überprüft. Rechtswidrige Inhalte waren zum Zeitpunkt der Verlinkung nicht erkennbar. Eine permanente inhaltliche Kontrolle der verlinkten Seiten ist jedoch ohne konkrete Anhaltspunkte einer Rechtsverletzung nicht zumutbar. Bei Bekanntwerden von Rechtsverletzungen werden wir derartige Links umgehend entfernen.

Urheberrecht/Leistungsschutzrecht